사진촬영_ 박정수

박순호

승부사

애지시선 059

승부사

2015년 2월 25일 초판 1쇄 발행
2015년 12월 10일 초판 2쇄 발행

지은이 박순호
펴낸이 윤영진
편 집 함순례
디자인 함광일 이경훈
홍 보 한천규
펴낸곳 도서출판 애지
등록 제 2005-5호
주소 300 - 812 대전광역시 동구 대전로 867번길 46(삼성동)
전화 042 637 9942
팩스 042 635 9941
전자우편 ejiweb@hanmail.net

ISBN 978-89-92219-57-0 03810

* 이 책은 2012년 서울문화재단 창작지원금을 받았습니다

애지시선 059

승부사

박순호 시집

□ 시인의 말

언젠가 당신은,
시 쓰는 일을 후회하느냐고 물었다.
삶이 쳐 논 올무에 걸려 발버둥 칠 때에도
왜 시를 쓰느냐고 물었다.
나를 쥐락펴락하는 고통으로부터 벗어나려 애를 쓸 뿐
다른 이유는 없다고 말했다.
다만 그뿐이었다.

2015년 2월

박순호

차례

제2부

제3부

제4부

제1부

시에게 고백하다

나는 갈 데까지 갔다
삶에 대고 못을 친 자리는 매번 솟아올랐고
온몸에 생채기를 남겼다
사랑은 잔인했으므로
계절마다 몸져누웠으므로
홍신소 창문처럼
욕망은 쫓고 쫓는 신앙을 맹신했다
아무렇지도 않게 옷을 고르고 꽃값을 치루며
사람들을 완벽하게 속여 왔지만
집에 돌아와 시 앞에 서면 너무 쉽게 무너졌다
그런데 시는,
혼내기는커녕
불쌍한 인생이라고 조롱하기는커녕
말없이 자리를 내어주었다
경멸의 눈빛으로 다시는
보는 일 없을 거라고
뒤돌아 설만도 한데

제지공장 굴뚝

불철주야 쉬지 않고 일만 한다
저러다가 뚝 부러지면 어떡하지?
목으로만 이루어진 좁은 통로는 검은 가루가 조여오고
새들도 피해 날아간다
페인트가 뜯겨나간 제지공장 굴뚝
격렬한 온도가 지배했던 자리마다
말 못할 비밀들이 무성하다
시간이 비켜나간 시작점에 데인 자욱이 선명하다

비오는 날
제지공장 인부들 몸에서 젖은 종이냄새가 난다
살면서 다친 상처처럼
눅눅한 종이더미를 파고드는 얼룩들
누군가의 삶도 펀치 못하다

나는 잉크가 번지는 젖은 종이를 바라보며
썼던 문장 그대로를 기억해보지만

몇 자씩 틀리곤 한다

방향을 꿰뚫는 깃발처럼
전후좌우 허공의 가슴께를 어루만지며
하늘 벽을 짚다가 구름 속으로 스며든다

당신의 사유는 둥둥 떠올라 선량한 구름을 만든다는 것
한 장의 백지가 된다는 것

오늘 아침 제지공장 굴뚝은 서남방향으로
연기를 몰아가고 있다

더듬이

아이들이 개미의 더듬이를 떼어내며 낄낄거린다
점자를 짚듯
제 주위만을 돌고 돈다
자갈돌 앞에서 주춤거리다가 이내 머리를 박는 개미
마음으로 내는 길이 쉽지 않나보다

사라진 주파수를 다시 맞춰보려고 애쓰지만
천국으로 흘러들어가는 시간만큼 더디다

누군가 헝클어버린 길 위에서 주운 동전을 닦아본다 하지만
아무리 닦아 내어도 윤이 나지 않는 상처처럼
환각처럼 춤을 추는 길
불의의 사고 이후만을 펼쳐 보인다
이승에서 사유했던 감각들도 떠나지 못한다

삶의 더듬이가 떼어지고 난 후

둥근 원 밖을 걸어 나가지 못하고
기어 다닌다
겉돈다
급기야 말까지 더듬거리게 되었지만 한때
예민한 촉수는 사랑을 향하고
불빛에 버무린 행복을 매달던 시절

온몸에 생채기를 내며 밀고 간다
아프다, 아파서
하나씩 눈썹을 뽑아 떨어뜨린다

더듬이가 붙어있던 자리를 매만지는 밤이면

삭인 홍어를 끄집어내다

그동안 나를 사로잡았던 건
보드라운 털이었다
착하디착한 혈통
여리디여린 새순
아찔한 높이였다
이상하리만큼 시에게만은 좋은 음식을 먹이고 싶은
애비 마음이었다

어쩌면 의도적으로 진창을 피해 다녔는지도 모른다
똥구덩이에 처박혀 허우적거리는 게 두려워
눈치 보며 발뒤꿈치를 들고 다녔는지 모른다
적어도 시에게만은 빈곤을 대물림해주고 싶지 않았기
에

빰을 후려치며 사악해지자고
좀 뻔뻔해지자고 다그쳐도
곁가지가 뻗어 나올 기미가 보이지 않는다

차오르는 울분을 속에서만 삭인 탓에
밖으로 끄집어낼 홍어 한 마리 없다

이제 내 앞에 놓인 사물을 모질게 대해볼까 한다
서로를 갈가리 찢어발기는 연애를 하든가
대놓고 쌍욕을 퍼붓든가
주먹을 날리며 날뛰든가
참지 말아야겠다
나도 좀 살아야겠다

집으로 가는 막차에서
몇 개의 문자를 보내고
몇 번의 다짐을 한다

승부사

얼마 전까지만 해도 그는
폐허를 부둥켜안고 살았다
의지와 무관하게
시커먼 그을음이 끼어있는 굴뚝과 마주쳐야 했고
가파른 경사를 기어 올라가야 했다
거듭되는 패배는 손톱마저 부러뜨려 놓았지만
대신 허물어지는 방향을 예측할 수 있는 감각
상대의 주먹이 어느 부위를 타격할지
훤히 내다볼 수 있는 밝은 눈을 선물했다
이제 그는 하루도 지나지 않아
책상에 앉아서
힘의 균형을 저울질 한다
돌려받은 상처와 돌려주어야 할 상처를 계산한다
지금은 고요 위에 더 고요한 눈발이 쌓이는 밤
내일 건네받게 될 싸늘한 눈빛과 외면을
겁내지 않는 그는
타고난 기질의 승부사였다

젖은 풀이 봉해지는 시간

옹이를 닮은 손가락 마디
노크를 하는 순간 알게 된다
콘크리트 벽
미장 벽
석고보드 벽
합판 벽
칸을 이루고 있는 구조를 이해하고
삶을 거뜬하게 다루는 것처럼
벽 앞에 서서
풀칠을 시작한다

#거실
푸른 댓잎이 떠가는 종이
세상의 풍문이 흘러들어와
발이 묶인다
여전히 텔레비전 안에는 욕망의 묘지가 세워지고
배우들은 삽을 들고 있다

미처 대나무 숲을 빠져나가지 못한 이야기는
소파에 앉아 희, 희, 낙, 락

#주방
쌀알 빛이 감도는 종이
야채가 썰리고 생선을 손질하는 도마 위에
하루치의 들숨과 날숨을 내려놓는다
칼날의 온도는 난도질당했던 삶처럼 뜨겁다
몇 개의 그릇이 깨져나가고
새 그릇에 담긴 음식 앞으로 의자를 끌어당긴다

#침실1
자작나무 껍질을 모아놓은 종이
은빛 아기를 기다리듯
천장에 매달아 놓은 나비모빌
교회 첨탑과 무연히 사라지는 기차의 꼬리와
철로를 가로지르는 육교를 둘러본다

잠든 아내의 머리맡에 놓인 가계부 안에는
마르지 않는 걱정근심이 접혀있다

#침실2
쪽빛 띠가 세로로 그어진 종이
정교한 수로水路를 타고 옷걸이가 떠내려간다
구름의 옷을 걸치고 외출한다
구석에 처박힌 속옷들이
발이 뒤섞인 양말들이
구겨진 옷들이
시간과 장소를 세탁하지 못하고
오래된 냄새를 품고 있다

#침실3
쑥이 자라는 종이
책들이 쑥밭에 아무렇게나 널려있다
쑥을 캐러 간 어머니를 기다리며

쑥개떡과 쑥국을 생각한다
우편함에 꽂혀있는 그대로
봉투에 갇혀있는 몇 권의 책
햇볕에 널어놓은 쑥처럼 말라간다

젖은 풀이 봉해지는 시간
벽과 밀착되어 집안의 내력을 품는다
곰팡이와 얼룩이 뛰어다니고
가구에 둘러싸여 캄캄하다
습도가 높은 날에는 우글쭈글
울기도 하지만
다른 방으로 옮겨가거나
누굴 탓하지 않는다

그러나 장승처럼 외롭기는 마찬가지다

제비꽃 파낸 자리

한강 둑에 핀 흰제비꽃이 신기해서
한참을 보다가 집안에 들이기로 마음먹었다
여덟 뿌리를 캐어다가 스티로폼 박스에 옮겨
볕 잘 드는 발코니에 놓아두었지만 우리는
어색한 사이가 되어버렸다
강바람을 퍼 담아 올 수도 없고
물살을 데리고 오지 못하는 내게
곁을 내어주지 않는 흰제비꽃
그 무렵 참을 수 없는 시간들이
내 몸 여기저기를 파내고
머리털이 뭉텅뭉텅 빠지기 시작했다
다발성 원형탈모였다
아내가 머리를 헤쳐 여덟 군데를 찾아내면서
시 쓰지 말라고 화를 냈다
모자를 눌러쓰고
제자리에 돌려주고 온 날
내 머리에도 하얀 싹이 올라오기 시작했다

절벽의 위장술

옷자락을 붙들고 놓아주지 않는다
감각이 마비되고 마취에 이르는 물
절벽을 감싸는 거푸집이 된다
길이 세워질 수 있다니!
빙벽은 겨울을 매달아 놓고서야 비로소 완성된다
낚시 바늘에 걸린 물고기처럼 은빛이다

무릎이 없어서 걷지 못한다
허리를 숙일만 한 예의도 없다
그래야 절벽이지
바람의 연장으로 깎고 또 깎아내어
천의 얼굴을 보여주어야 절벽이지

얼음으로 짜인 옷 한 벌이면 끝나는 절벽의 위장술
가끔 물을 찾아 내려온 산짐승이 추락하기도 하고
갈잎이 단추처럼 달라붙기도 한다

어느 멋진 봄날
앞섶을 열어놓으니,
가두어 놓았던 꽃잎이 쏟아진다
무지개가 물 계단을 딛는다

웃음은 누가 일으키는가

웃을 일이 없다고
딱 잘라 말하는 사람들은 하나같이
목젖을 보여 준지 오래되어서
마주앉아 있다 보면
나른해지고 캄캄한 동굴이 된다

이미 오래전에 이별을 말하던 사이
안쪽에 머물면서 바깥의 가죽을 바라보고
속사정을 들여다보는 관계 그러므로
잡히지 않는 꿈을 쫓거나
진창에서 허우적거리거나

좀처럼 웃음의 행간은 넓혀지지 않는다

고개 젖혀 크게 웃는 사람을 보면
행복은 아무렇지도 않게
길거리에 나뒹구는 전단지처럼

한 움큼 잡힐 듯하다가도
외등 없는 골목에 처박힌다
노후설계를 하지 못하는 지구를 닮아간다

희망은 왜 가파른가
정성들여 애무를 해도 열리지 않는가

웃음의 행방을 뒤쫓다가도 얼마 못 가
허혁거리며 주저앉는다
떠오르지 못하고
찌든 삶에 눌러 붙어 썩어간다
원치 않는 얼룩을 남긴다

밤이 몰려오는 냄새

한 시간 전만 해도 있었다
그런데 사라졌다
일방적인 통보는 받아들일 수밖에 없는 법
약속 없는 주말이 되어버렸다
졸음이 똬리를 튼다
검은 커튼을 치면,
방안은 평일과 다름없이 공기를 채워주고
잠의 풍선들이 빠르게 도착한다

얼마나 지났을까
잠이 닿았던 곳에 가방을 놓아두고 왔다
손목시계를 풀어 놓고 왔다
연락처를 적어두었던 메모지를 챙기지 않았다

많은 것을 가지려했지만 한순간에
더 많은 것들을 잃어버렸다
눈을 뜨자마자

출근을 생각했고
커튼을 젖혀 날씨를 확인했지만
다행히도 밤이 몰려오는 냄새가 진동했다

텅 빈 냉장고처럼
냉기가 도는 가슴을 쓸어내려보는
주말 저녁

꼭지를 위하여

한때나마 허공을 매만졌던 머리에는 죄다
꼭지가 달려있어서
완벽한 곡선이나 직선에 닿지 못한다
꽃 핀 자리가 웅숭깊다
계절이 빠져나가면서 매만졌던 매운 손길
한평생 잘 살다 갔노라고 말해주듯
떨어뜨린 자리마다 사리 같은 진물이 맺힌다
정갈하다
꼭지에 흘렀던 사랑도 단단하다

꼭지는
첫 연
첫 행이다
아직 빠져나가지 못한 바람과 별빛이 자란다

봄 꼭지처럼 퍼지는 목련꽃 아래
젖꽃판에 얼굴을 묻고 있는 아가야

눈부셔라

꼭지가 붙어있던 자리

달의 목덜미가 하얗다

작년의 재작년의 아니, 태곳적
오늘을 물려받는다
불참할 수 없는 오늘이라는 모임
옆에 앉아 있는 퀭한 우울 씨가
내 손과 발을 묶어 놓았다 해도
어쨌든 견뎌야하므로
싫든 좋든
구석이든 중심이든

정신은 길들이지 못하는 짐승처럼 사납다
행방을 쫓지 못한다
살아 있다는 것은
어젯밤 꿈을 기억하는 일
자고 일어난 이불에서 머리카락을 떼어내고
아무짝에도 쓸모없는 물건 뒤에 숨어
눈만 깜박거려도
어쩔 수 없는 일

매일 밤
무너질 수는 없는 법이다
벼려진 칼날에 숱하게 베일 수 없는 법이다
허술하게 이은 삶의 지붕아래서
빗물을 받치던 그릇들

무방비상태에서 나도 어쩌지 못하는 이 무기력함은
누구로부터 대물림 되었을까

도망갈 궁리로 술에 취해보지만
놓아줄 생각을 않는다
버티고 있다고 변명해본다
부디 오늘은 경건하기를
노련한 사냥꾼이 되기를

달의 목덜미가 하얗게 드러난다

찾았다 서점

도시를 감싸 쥐고 있는 상점과 모텔 사이에서
나는 고전古典처럼 늙어간다

텅 빈 물통처럼
건조하다

외로움을 다루던 책을 기억하다가
천 번을 되풀이해 읽어도 질리지 않는 의미를
곱씹어 보다가
거리에서 서점을 찾는다
비둘기 몇 마리가 공원으로 돌아오고
지갑에서 동전을 쏟은 여자는
하염없이 맨홀을 들여다본다

점자처럼 구획된 가로등과 가로수
빵집을 지나서
꽃집을 지나서

옷집 마네킹 옆
몇 번 확인해 봐도 유리 안쪽에 분명
오래된 명함처럼 누워있는 서점

노인의 돋보기가 계산대를 지키고 있다
높은 파랑과 함께 늙어가는 책 더미
손이 닿지 않는 곳에 시집이 꽂혀있다
의자에 올라가야 만날 수 있는 세월
누렇게 바랜 낱장마다 찍혀있는 지문 위에
나의 지문을 겹쳐본다

책이 무겁다

제2부

우아한 커피 타임

구석으로 몰린다
도움을 청할 손길이 없다
숨어 지낼 곳도 마땅치 않다
기다렸다는 듯
입 꼬리에 냉소를 걸어둔다
다시는 개기지 못하게
입도 뻥긋 못하게
질질 끌고 가서 지붕에 매달아 놓는다
그러나 도대체 언제까지
갈고리에 걸린 비곗덩어리여야만 하는가
나는 가만히 책을 읽고 있을 뿐인데
화분에 물을 주고
어항에 물고기 밥을 주었을 뿐인데
끔찍한 주문을 외면서 호시탐탐
높은 담을 타넘어 탈옥을 한다
나는 그저 물오리가 떠 있는 강을 내다보며
우아하게 커피를 마시고 있는데 말이다

어설픈 감정

그깟 몇 음절이 벽 하나에 봉인되었다고 생각한다면
기둥 하나만으로도 성립될 수 있다고 믿는다면
큰 오산이다 치명적인 오류다
적어도 사랑이라는 형식은 그런 것이다
내밀한 구조로 기둥과 벽이 만나서 꿈꾸는 일
살을 발라내고 뼈다귀를 추려내는 일
당신과 나 사이를 연결해주는 교각일 가능성이 높다
교각은 끝없이 길고 길어서
한참을 걷다보면 감정의 농도가 흐려지고 결국
영혼까지 잃어버리게 된다는 속설을 믿게 된다
손가락으로 찔러보면 깊이 들어갔다가 다시
처음 상태를 유지하는 물컹물컹한 시간
어설픈 감정이 담긴 가방을 메고 건너간다
조바심을 내며 빠른 걸음으로 다가가도
닿지 못하고 미끄러지다가 빠져나간다
어느 날은 사랑의 수평 따위를 믿지 않는 여자를 만나
서

가방을 건네 보지만
여자에게는 가방끈을 메어줄 어깨가 없다
교감이 없다 어쩌면 나는
두 다리로 건너는 것이 아니라
두 눈으로만 건너고 있는지도 모른다 비겁하게,
석양은 교각을 건너기도 전 어둠에 풀어진다
감정을 이루던 알갱이들이 부서져 날린다
가라앉지 못하고 부유하는 물살 위의 지느러미들

시간이 빚어낸 얼굴들

담고 또 담아내다가
모가지까지 차올라서야 파열음을 뱉어낸다
사선으로 금이 간 유리
틈을 벌리며
시간이 빚어낸 얼굴을 내민다

날카로운 비극은 언제든 쏟아질 준비가 되어있으므로
바깥으로 횡단할 자세를 갖추었으므로
내장까지도 투명하다

집안 내부 깊숙이 개입해 있는 유리
위험한 동거는 끝날 줄 모르고
마주보고 있으면서도 쓸쓸하다 그것은
전쟁이 일어나면 제일 먼저 산산조각 나기 때문
영영 집으로 돌아가지 못하기 때문
스스로 손목을 긋거나
피로 물든 발바닥을 보아야 하기 때문

저물녘

창밖은 쌀뜨물로 출렁거린다

번역되지 않는 원서를 짚어가는 것처럼

뭉툭하고 두루뭉술하다

때로 갇혀있는 세계가 안전하고 고요하다는 생각

언제 돌변할지 모를 유리의 밤이 깊어간다

수명 다한 형광등처럼

일곱 시에서 이십이 시까지
사무실에 있었다
열아홉 시 부터는 줄곧 혼자였다
평면도가 품고 있는 거대한 건축물을 떠올리며
철근과 콘크리트를 계산해보지만
층수를 빼먹고 산식이 틀린다
서랍 속 두통약에도 녹아내리지 못하고
어혈瘀血이 뭉쳐있다는 처방전 위로
수명이 다한 형광등이 흐릿하다
낡은 구두를 신은 채, 꾸벅
잠이 든 의자에서 새로운 계절을 만나고
행복이 새어나가지 않는 구조
절대공간을 설계하다가 눈을 떴다
시계가 걸린 벽과 마주보는 유리창
허공에 걸려 있는 둥근 시계가
새벽 두 시를 가리키고 있다

희망도 계급이다

나는 자주 당신의 계급을 잊어버린다
국가에 소속된 희망은
광장의 촛농으로 굳어가고
일 년 내내 몸에서 떠나지 못하는 감기처럼
폭력 앞에 푹푹 빠지는 발
어정쩡한 자세 위로
비눗방울이 날아다닌다
허공의 살 속을 파고든다
쉬임없이 불고 또 불어대는 아이들의 입술은
영롱한 구슬이 되어 공원을 떠다닌다
하지만 당신의 계급은 너무 낡아서
경례를 붙이지 않은지 오래,
그 어떤 위엄도 찾을 수 없다
그러니 당신은 햇빛에 부서질지 모른다
무게 없는 약속
그런 고통 없는 형식들
희망도 계급이다

노랑난간 위에 노랑나비

노랑난간 위에 노랑나비 앉아 있다
봄이 나비를 속인 것이다
그러나 나비는 난간을 떠날 줄 모른다
따지고 보면
나비가 쳐놓은 철망에 봄이 걸려든 것이다
저 완벽한 겹침을 보라

바람의 핀이 날개를 고정하고
햇살의 핀이 몸통을 찔러 놓았다

폭력이면서 폭력이 아닌 것처럼
현실이면서 현실이 아닌 것처럼

나비의 표본은 견고하다

방향이 정직하면 잃어버릴 게 많다
갈 길을 정해놓고도 눈 깜짝 할 사이

먹잇감이 되고 표적이 된다

간격을 좁히기도 전에
반성이 채 끝나기도 전에

노랑나비가 사지에 박힌 핀을 뽑아내고
난간을 떠난 오후

어제의 역습

눈빛을 거두지 않고 노려본다
발톱을 땅에 박고 눈알이 벌겋게 되도록
이를 악물면서 버틴다
진이 다 빠진 몸뚱이에 걸려 있는 하얀 얼룩들
땀에 젖은 옷을 벗어 던지고
자위를 하는 밤

알고 있다
처음부터 이길 수 없는 상대라는 것을
못 이기는 척
엎드려 있었다는 사실을
속임수였다는 것을 알지만
잠깐 동안의 쾌감은 웃자란 패배를 잘라내는 힘이기에
나의 서식지로 날아든 새 떼이기에

그러나 오늘은 봐 줄 기세가 아니다
그믐처럼 다가와서

삽시간에 내 얼굴을 감싸는 검은 망토
어제의 역습이 시작된다
공포를 가르며 휘두른다
무방비상태로 얼어붙은 몸

이를 악물고 힘줄을 세워보지만
위태롭다
다리가 후들거린다
어제로부터 시작된 고통이

박순호라는 현대사

꼭지의 힘이 약해져서 이만하면 됐다고
어서 그만,
내려오라고 하느님이 불러도
말라비틀어질 때까지 오래오래
숨죽이고 매달려 있으리라
두 눈은 퇴화해서 동굴처럼 어두워지리라

내가 가진 귀퉁이는 닳고 닳아 누구의 가슴에도 꽂히지 못하고
바늘귀도 되어주지 못한다
현대는 귀갓길처럼 쓸쓸한 것이어서
긴 그림자 흘러가는 달무리 같은 것이어서
할 말을 다하지 못한 말줄임표다

나는 뒤돌아 서 있는 애송이
한 주먹씩 무너져가는 빈 집
그저 분내 묻어나는 봄밤을 껴안으며

주목받지 못한 생 위에 못 하나 박아 놓는 일
아침에 배달된 신문으로 비행기를 접어 날리는 일
궁시렁거릴 수밖에
더러운 날씨를 탓할 수밖에

입에 창살을 대고 창호지를 붙여놓아야지
곪아터진 상처가 덧나지 않게 소독 해야지
그리고 세금이 밀리지 않도록 주의한다면
살아가는 일이 고지서처럼 얇지 않으리라
현대는 빈 둥지에 남겨진 죽은 새의 뼈다귀 같은 것이어서
꿈속에서 꿈이 꿈을 쓸어버리는 미제사건 같은 것이어서
그러니 모든 단어 앞에 비非를 세워놓고
옛 애인을 생각하며 술집에 앉아 있거나
돼지저금통의 배를 갈라 생활비를 대거나

일차선 도로 위 포클레인 뒤를 따라간다
추월할 틈만 엿보며 액셀러레이터에 발을 올려놓는다
현대사는 그런 것이다
중앙선을 넘어 추월하는 것
위험을 감수하고
경계를 뛰어 넘는 것

그렇다면,
나의 경계는
깨진 술병은
좆 같은 시간은

무거운 가방

가방끈이 어깨에서 흘러내린다
목 안으로 끌어올려보지만
중심을 잡지 못하고 축을 벗어난다
한눈판 사이
바닥에 내리 꽂인다
흙 묻은 가방을 털어 본 사람은 안다
절망을 구겨 넣고
지퍼를 채워본 사람은
정해진 삶의 공식을 다 놓치고 난 후
어쩌지 못하는 길목처럼
낡은 아가리에 안개가 한 가득이다
바퀴가 끌려가고 끌려오는
지하철 개찰구 앞에서
우측 어깨가 처지고 결려온다
하지 못한 말들이 새어나오는 가방
삶의 가시가 삐져나오는 가방

욕실에서 자아를 기웃거리다

면도를 하거나 샤워를 하다 맞닥뜨린다
소스라치며 거울에 등을 보이지만
이미 독을 품은 포자들이 핏줄을 타고
우글우글 번식한다
통제할 수 없다
그런 날은 십중팔구
면도날에 뺨을 베이고
바닥에 비누를 떨어뜨린다

멈춰있는 자아와 유랑하는 자아
술에 취한 자아와 육체를 탐하는 자아
비정한 자아와 살육하는 자아
치열한 자아와 느슨한 자아
경멸하는 자아와 미친 듯 웃는 자아

거울에 비친다
카메라처럼 한 일생을 촬영한다

학대하는 자아
절망하는 자아
한순간이란 자아
외롭다고 말하는 자아와 비상식적인 자아

젖은 머리를 말린다
수증기는 붉은 눈금을 지우면서 욕실 밖을 빠져나가고
어떤 경로를 통해 들어왔는지 모를,
격렬하게 충돌했던 세포 그리고
나를 가두었던 거품들도
비누와 함께 굳어간다

숨쉬는 타일들

타일은 각을 유지하기 전 한 덩이 흙에 불과했다 한번 흡수해버린 물은 빠져나갈 길을 내주지 않는 안개 같은 것이었다 스며든 물은 핏줄이 되어 진흙에 갇혀 흐르고 흘러서 연한 몸을 이루게 했다 둥근 꿈을 품었기에 애초부터 모서리 따위는 없었다 가뭄으로 단 하나의 뼈도 만들지 않았던 시절 금이 쩍쩍 갔던 날도 있었다 누구에게나 시련은 있는 법, 그랬다 잠깐 머물렀던 소나기 같은 것이었다

물의 혀가 타일을 훑어 내린다
몸속 세포를 기억 하려는 듯
타일 줄눈을 타고 미끄러진다
물이 타일에 머물러 있는 시간은 짧다
경사가 끝나는 어딘가 깊은 잠에 이르게 하는 환각의 통로
지하 둥근 관과 연결되어 은밀한 숲을 이루고
미로처럼 얽힌 관 속에서 타일조각이 발견되기도 한다

결국에는 만날 수밖에 없는 격자의 하얀 길
암고양이가 웅크리고 있기도 하고
우물정자, 반올림표, 문살문양을 떠올리며
오차가 없는 길에서 지도를 펼친다
반복되는 모퉁이에서 나침반을 올려놓는다

타일은 생산될 때부터 불꽃을 감지하던 감각이 녹아있다
가끔 몸 밖으로 검은 곰팡이를 게워내기도 하고
세균과 오염에도 꿈쩍 않고 붙어 있다
각과 각으로 이루어진 차가운 선

숨을 쉬고 있는 저 타일들

어디에서 오는가

나도 어쩌지 못하는 야릇한 기운이 몸을 지배하는 날이 있다

관절에 숨겨놓은 달빛
감정을 쥐락펴락하는 손아귀
광기에 사로잡힌 핏발선 눈동자
고통 같기도 한
통증 같기도 한

어디에서 어디까지
어느 마디에서 어느 마디까지
딱히 짚어낼 수 없는 통증

모른 척하기에는 어딘가 찜찜하다
그것은 내 의식과 무관한 보폭을 유지하지만
한 마디도 물을 수 없다
대부분 가장 어둡고 습하고 공허 속에 놓여있을 때

내 어깨를 두드릴 확률이 높다

누구의 가슴을 통해서 내게로 왔는지
어떤 통로를 경유해서 날아들었는지
알 길이 없다
가슴을 파내고 심어놓은
첫 줄처럼

전복

미안하지만 다시 태어날 이유가 없지 싶다
그래도 꼭 태어나야 한다면 손과 발 달린 것은 사양한다
저잣거리에 놓여 있는 풍경도 싫다
꽃도 싫다 바위도 싫다
암초 깊은 곳에
가부좌를 틀고 앉아 있는 생불
뭉툭한 전복으로 태어나고 싶다

껍데기에 뚫린 몇 개의 숫은 구멍은
숨구멍이기도 하고
눈알이기도 하고
불순한 생각의 즙을 뱉어내는 입이면서
항문이기도 하다
규율과 법칙을 모르는 바닷가 보헤미안
몸 전체가 발바닥인 전복이고 싶다

속살을 감싸고 있는 저 신비한 빛깔

한 땀 한 땀 수를 놓은 듯 낮은 주름으로 접혀지고
내면에 품은 영롱한 진주빛 물결은
나만의 것

고래가 지나는 길목과 수천수만의 은빛 화살촉이 내리
꽂히는
정어리 떼를 바라보며 느리게 느리게
나를 은폐시키고 싶다
해초처럼 너울거리고 싶다

내가 나를 버리고 싶어지면 비로소
사람의 칼날이 내 속살을 도려낼 순간을 허락하리라
그리하여 남은 껍데기는 얇게 썰려
꽃이 되고 사슴이 되고
어느 고풍스런 한옥 한켠
자개장롱으로 놓여 있으리라

제3부

바람 박물관

바람이 찍어놓은 좌표를 수소문한다
탱자나무 가시는 날카로운 촉을 세우고
석탑 모서리는 뭉툭하다
고민을 몰고 지나간 흔적들
바람 앞에서는 온전한 것들이 없다
정해진 잣대도 없이 다짜고짜
살부터 섞고 본다
한없이 감미롭게
때로 무자비하게
파고들어갔다가 빠져 나올 뿐이다
몸에 붙은 부스러기를 털어내며
텅 빈 그물이 된다
오늘도 생살 몇 점이 떨어져나가고
전리품처럼 쓸쓸한 날짜들을 모아둔다
하얗게 뼈가 드러나 다친 삶
엎어놓은 그릇처럼
바람 박물관에 전시된다

우아한 방어

나무 몸통을 기어오르다 새잎과 마주친다
애벌레는 몸 중앙을 삽처럼 세우고
새잎은 끝을 뾰족하게 말아 올린다

맨 처음 생의 방어는 비대칭을 이룬다
접근할 엄두가 나지 않고
나란히 누워 있을 방법을 몰라
숨어서 지켜볼 뿐

방어할 줄 몰랐던 내 몸은
골방에서 죽어가는 다육식물처럼
눅눅한 바람처럼 자주 아팠다
엉거주춤 자세를 고치고 또 고쳐보지만
세상에서 취하려는 태도는 허술하기 짝이 없었다
삶의 좌표가 어긋나는 자리마다 객혈을 했다

짝다리를 짚고 서 있거나

다리를 꼬고 앉아 있거나 혹은,
그럴듯한 표정을 지으며 질겅질겅
껌을 씹어보지만
곧 단물이 빠지듯
뱉어내야만 하는 거짓 고백
벽에 걸린 마른 꽃다발이다
짧은 상像 하나 줄 그으면서 멀어지는 일이다

예의바른 탐색이 끝나고
동그랗게 웅크린 연둣빛 층
새잎 속에서 애벌레가 기어나온다

이불의 세례명

이불에 코를 묻고 있으면
둘둘 말려 있던 상처까지
말하지 않아도 고스란히 들려준다
냄새와 얼룩이 배어들게 한 습관과
기이하고 아득한 꿈으로부터
당신을 대변해 주고
아침으로 인도해주는 이불

옥상 빨랫줄에 이불을 내다 건다
둥근 물집을 허물고 시시각각
태양의 거처를 따라 옮겨가면서
거듭나는 이불

이불의 세례명을 하얀 돛이라 불러본다

아픈 몸
벗은 몸

고민하는 몸
피곤한 몸
주름과 주름의 능선이 사라진다

바닥을 향해 시위를 당기던 외줄도 느슨해지고
앙다문 빨래집게도 헐거워진다

저 아래,
왕벚나무는 꽃잎을 비워내느라 분주하다

빗물을 오므리다

삼층 베란다
지붕에 엉겨 붙는 빗소리를 듣는다
젖은 실을 뽑아내어
밤을 엮어가는 땅거미
바지런하다
오늘따라 거리는
그 무엇 하나 개입하지 않고
저 끝까지 혼자다

빈 화분처럼 헛헛하다
집안으로 흘러들어온 습한 공기는
읽고 있던 책갈피에 눌러 붙고
이불에 스며들어
거대한 늪을 이룬다

비 내리는 저녁에 이동하는 무리들은
오동나무 잎처럼 넓다

말뚝을 박아 놓은 듯 옆구리가 결려오고
갈비뼈 사이가 움푹한 이름을 호명해본다
성실하게 다가가지 못했던 젖은 날이 시리다

손바닥을 오므리며 빗물을 받아보는 저녁

쌍방과실

1.

합의점을 찾지 못한 사건들이 집을 잃고 공중에 산란한다

부화하지 못한 썩은 알이 둥둥 떠다닌다

머리를 맞대고 끙끙거려도

손잡이를 찾지 못하고

이빨자국만 남긴다

모두 피해자라고 주장하면서

위로받아야 한다고 호소하면서

합의가 오가는 통로는 기껏해야 테이블 폭 만큼의 거리

커피 잔과 녹차 잔 사이에 더운 김이 풀어져 엉키고

그 좁은 간격 안에는

우리가 어쩌지 못하는 빈 방들로 채워진다

접근할 수 없는 영역이 생겨난다

딱딱한 문구로 조합된 문서처럼 움켜쥔 주먹이 떤다

반송된 주소들이 쌓여가고
지루하게 이어지는 공방전
합의는 늘 호락호락 성사되지 않는 법
사고현장에 개입된 것부터가 우연한 실수다

2.
사랑의 끝에 관해서 입을 여는 사람이 있다
찼다고 말하면 좀 편안해지는가
버렸다고 생각하면 슬픔의 공복이 채워지는가
공처럼 둥글어서 어디든 굴러갈 수 있는 게 사랑이라는데
간헐적으로 찾아오는 따끔따끔한 아픔 같은 것
애증 또한 가해자도 피해자도 없는 쌍방과실이다

3.
영혼이 게을렀으면 하는 밤
바닥이 없는 낭떠러지에서 허우적거린다

침대주변을 떠나지 않고 빙빙 돈다
육체는 피해자가 되어 잠을 이루지 못하고
나를 조롱하고 절망 안으로 밀어 넣은 가해의 흔적이
어딘가에 남아 있을 만도 한데
이렇다 할 만한 뚜렷한 증거가 없다
고소장도 꾸밀 수 없고 각서를 받아내지 못하는 영혼
육체를 살살 다루지 않는다

오늘밤
무슨 일이 있어도 합의를 이끌어내던지 아니면,
모가지를 비틀어버리든지

그들의 무늬

유랑민이 되어 떠돌아다니다가 온몸이 둥근 발이 되었다 모서리 없는 영혼들이 둘러앉아 별점을 치기도 하고 저물녘 강둑에 앉아 울고 있는 사내의 젖은 눈썹을 쓸어내려 보기도 했다 풀머리를 밟고 달려가는 바람처럼 몸을 맞대 이룬 층 안으로 강물이 채워졌다가 빠져나갔다 대륙으로부터 폭풍이 몰려온다는 소식이 들려왔다 먼 이역에서 실려 오는 무늬들이 가슴과 가슴으로 이어져 출렁거렸다 폭풍이 몰려 온 날 한 무리가 강을 떠났고 또 한 무리가 모여들었다 여기까지 흘러들어온 내력을 묻는 것은 금기시되었지만 시간이 거칠게 다루었던 생들은 하나같이 곡선이 빼어났다 아름다웠으므로 몇몇이 건축가의 눈에 띄었고 수석채집가의 가방으로 들어갔다 그 밖의 평범함은 강물 위를 통통 튕겨나가다 가라앉거나 강 중심을 향해 무더기로 던져졌다 가만히 있어도 물새들이 날아 들어와서 알을 낳아 품었다 그들의 무늬는 눈물겹다 못해 거룩했다

까마귀의 조문

가로수와 전깃줄을 점령하고도 모자라
육교 난간까지 봉쇄한다
사나운 바람을 등지고 앉아 있는 까마귀 떼
새벽기차처럼 긴 행렬을 늘어뜨린다
마을전체가 검은 꽃밭이다
고향을 찾아 죽으러 온 사람의 발자국이 찍히고
하나같이 어두운 낯빛이다
조등 없이도 저렇게 엄숙할 수 있다니!
낡은 회귀의 공포와 함께 예절처럼 떠나버리는 태양*
까마귀는 차돌처럼 다부진 몸으로
머리를 조아리며 울음을 참는다
그러다가 한 마리가 튀어 오르기라도 하면
창공은 검은 휘장으로 둘러 쳐진다
흩어지고 재생되고 찬 공기에 반죽되어 간다
12월에서 1월 사이
39번 국도를 타고 현덕면을 지나면
상주 없이 조문객만 북적거린다

누구의 죽음이 저토록 참담한가
언덕에 자리한 교회당이 을씨년스럽다

* 박인환의 시 「영원한 일요일」에서 차용

별의 길목을 서성거리다

부음을 받고 검은 양복을 꺼내 입는다
단추를 채우려다가
손끝을 떠나 툭,
마룻바닥 위를 굴러간다
단추를 매달고 있던 실밥은
주먹을 편 손처럼
힘을 빼고 늘어져있다

늦은 밤
간간이 찾아온 조문객들이 영정 앞에 향을 피웠지만
복도마다 형식적인 유령이 떠다니고
생략된 슬픔은
벗어놓은 구두처럼 헐렁하다

유리창에 서린 김을 소매로 훔쳐낸다
장례식장 바깥은 온통 별천지다
순간,

밤하늘을 찢고 사라진 별똥
모두가 죽음에 몰두해 있을 때
나는 주변의 아무 소리도 어떤
움직임도 받아들이지 못하고
망자亡者에 대한 예의마저 잊어버렸다

단추가 떨어져나간 실밥을 손끝으로
잡아당겨보며
별의 길목을 서성거렸다

단칸방

사람들은 고독한 햇살 같다고 말한다
담벼락에 붙어서 볕을 쬔다
고독했다고?
마주보고 서 있는 감나무에 대고
중얼거린다 하지만
홍시 안에도 한낮을 조율하는 붉은 힘이 담겨 있음을
밤에는 육십 촉 백열전구가 달빛까지 닿아 균형 잡힘을
모르고 하는 말
살 냄새와 흐트러진 머리카락 사이를 통과하는 햇살
빛의 안쪽은 텅 비어 가볍다
가볍다못해 가오리연처럼 공중에 띄워놓는다
비루한 목숨 하나가 뒤척거릴 때마다
기우뚱거린다
창살이 부러지고 그릇들이 달그락거린다
길 잃은 바람이 길 잃은 개를 데려오기도 하고
어느 순간 나의 침묵도 방향을 놓치고 만다
사람들이 말하는 고독으로 짜여진 방

감나무 잎과 잎 사이를 횡단하는 단칸방

통신맨홀

도로 위에 말라붙은 짐승의 가죽처럼
전류가 팽팽하게 당겨진다
둥근 콘크리트 관은 벽과 창문으로 연결되고
수만 킬로미터를 달려가도 물이 있었던 흔적은 없다
죽은 뿌리들만 이정표가 되어 박혀있다

어디선가 모래바람이 불어온다
선인장이 늘어나고
당신의 건조한 입술에서
삐져나오는 가시

문득 항아리를 묻기 위해 땅을 파던 날
삽날에 걸린 전선을 생각한다
오래전에 죽었지만
썩지 못하는 동그란 살점들
건네주지 못한 공간과
넘지 못하는 울타리

통로가 차단된 폐가로 남아 있다

주황색 고깔이 차량을 유도하는 도로중앙
통신맨홀 뚜껑이 열리고
인부의 어깨에 걸린 전선이 맨홀 아래로 한없이
빨려 들어가는 오후

막도장

아파트 단지에 칠일장이 서는데요 한쪽에는 도장을 파고 있었더랬죠

두 평쯤 되는 천막 안에 컴퓨터가 켜져 있고 쪽지에 적힌 이름을 호명하듯 정해진 글자체를 따라 예리한 촉이 움직이고 있고요,

바람도 햇살도 사람이 이름지어주기 이전의 본명이 있었겠지요

나비 한 마리가 도장을 파고 싶은지 모니터가 피워낸 꽃밭에 앉았다 가곤 했어요

기계의 움직임은 프로그램에 의해 완벽하게 일처리를 해냈지요

둥근 톱니가 세상을 잠식하기 전에 조각칼을 쥐고서 두툼한 돋보기안경 너머로 한 글자씩 파내려가던 도장집 아저씨가 생각났어요

막도장이라고 했나요 처음으로 도장을 갖게 된 날은 신문지 위에 동그란 꽃잎 수천 개를 떨어뜨려놓았죠

도장에 새겨진 내 이름이 붉은 꽃잎을 닮고 싶었나 봐요

막도장을 인감으로 사용한다고 타박하지만 그것은
조각칼로 파내며 후후 불어 날리던 나무가루가 내 생을
간지럽게 할 것 같은 느낌 때문이지요
새장 속의 새처럼 도장 안에 갇혀 있는 이름 석 자
막도장 밖으로 걸어 나가고 싶은 초여름이었고요

여섯 폭 병풍

베란다에는 오후나 되어서야
햇살을 맛볼 수 있다
풍경이 절반으로 고정되어 있는 701호
명찰을 달고 붙박이로 선 아파트가 반을 차지하고
나머지 절반은 접혀진 숲
열두 폭 병풍이었던 것이 여섯 폭만 보인다
오늘아침
전에 없던 까치집이 그려져 있다
며칠째 붓을 물고 바쁘더니
나뭇가지에 묵화를 올려놓았다
열두 폭 병풍이 바람에 젖혀진다
맞은편 아파트 1층 점집처럼
풍경을 끌고 들어와 무릎에 앉힌다

바위사리

바위 하나 굴러 떨어졌네
각으로 세워졌던 삶이
강바닥을 떠돌면서
파도에 휩쓸리면서
바람이 베어가고
햇살이 파내가고
다 내어준 뒤
바위의 몸에서 뭇별 같은 모래알
사리가 쏟아져 나왔네

제4부

자귀나무 자전거

자귀나무 등에 짐짝처럼 처박혀 있는 자전거
주인아저씨가 트럭을 몰고 다니면서
녹이 쇠붙이를 잠식하고
바퀴살을 감아 올린 넝쿨
자전거 핸들을 붙잡는다
급기야 탱탱한 기억을 품고 있던 바퀴마저
폭삭 주저앉힌다
자전거가 지나던 통로에 평상이 생긴 후부터
아저씨의 입술은 동그랗게 말아지고
휘파람이 끊이지 않는다
자귀나무는 자전거의 마음을 알고 있는지
울타리 밖으로 가지하나를 툭 던져보지만
페달을 굴리는 꿈만 여러 날 계속되고
잎사귀를 오므리며 기다렸던 달밤
아침이면 어머니의 브로치를 닮은 봉긋한 홍색 꽃을
바쁘게 내다 건다

구름을 필사하다

정원을 가로질러 연못을 건널 때마다
구름의 발이 걸려 넘어진다
물속으로 고꾸라진다
물젖은 구름이 잠시 기억을 놓치고 가라앉는 동안
기형畸形에서 오는 아름다움은 끝 모를
이야기와 사건을 재구성한다

구름은 한 치의 망설임도 없이 방향을 정하지만
허투루 던진 투망 밖으로
달아난 웃음처럼
가는 도중 바스라지거나 혹은
텅 비어 있는 상자로 떠돌곤 한다

못을 처 놓아도 삶의 액자들은 헐겁다
누구에게도 성실한 답변을 들을 수 없던 날
구름을 필사한다
소멸하지 않는 구름 부족을 만난다

부족에게 얻어온 것들은
오늘을 넘기지 못하고 증발해버리지만
떠도는 모양을 도용하거나
문장 안으로 유인하여 끌고 들어와도
그 어떤 표절의혹을 제기하지 않는
구름, 구름들

잉어 몇 마리가 구름의 건반을 툭툭 건드리며
반주를 시작한다

결

안개가 들어찼다가 빠져나가고 부나비가 날아들고 몇 포기의 풀들이 계절로부터 부름을 받아 머물던 곳
짐승들이 진물을 흘리며 쓰러진 잡목 숲에도
빗금을 그으며 다가오는 고통 위에도
결이 얹혀있다

한번 지나가보았던 결
손바닥으로 쓸어보았던 결

참빗 같은 결
흘러간다
흘러다닌다
섞이지 못하는 낱개의 물건들을 지나
바람이 만지는 무수한 나뭇잎 안쪽에도 새겨진다

한 무리의 별이 지나가고
또 한 무리의 새들이 날개를 맞댄다

오래전부터 갖지 못한 꿈처럼
더 오래된 필체처럼

한 번쯤 매만져 보았을
얼굴에 부벼 보았을

오 분이면 충분하다

1.

24시간 편의점과 맞닿아 있는 이층 건물
밤마다 편의점 불빛이 각을 재며 빛을 쪼개보지만 어디
타인의 내부로 침투하기가 그리 쉬운가
내부는 어둡게 무장한 진지로 변하고 긴장이 감돈다
반쯤 열린 창문 앞
담배를 꼬나물고 서 있다 보면
눈은 내시경 렌즈가 되고 주도면밀한 면도날이 된다

진열대 앞에 마주 서 있는 남자와 여자
라면봉지와 통조림을 뒤집는 오 분은
혼자 사는 집 현관문을 잠그고 불이 켜지는 충분한 시간
외로움을 벽으로 밀어붙이며 멱살을 잡는 시간
냉혈인 같던 냉동식품은 전자레인지 속에서 나긋나긋
해진다

편의점은 배고픈 도시를 구원하는 선지자처럼

도시 곳곳에 박혀있는 십자가처럼
공손하게 불을 들고 서 있다

그러나 가끔 탈 형식을 목격하기도 한다
손님이 많은 틈을 타 뒷문으로 빠져나가거나
계산하는 척하다 도주해버리는 이단異端의 골목을 따라
나서지만
담배를 피우는 시간과 마찬가지로
오 분이면 숨 막히는 현재를 따돌린다
때마침 그믐이다

2.
슬리퍼를 끌고 편의점에 간다
담배 사러 계단을 내려간다
삶의 각을 세우지 못한 시간도
당신을 향한 온전치 않은 감정도
계단을 따라서 하강한다

하늘을 횡단하는 구름의 발소리를 이해하지 못하고
날개도 없이
아래로 아래로……

삶에서 빠져나와 햇빛이 차단되는 시간도
오 분밖에 걸리지 않는다
오 분이면 충분하다

늙은 실잠자리

절반은 잠겨있고
나머지 절반은 물 밖이다
벌름벌름 숨을 쉬는
마른 콧등 위
늙은 실잠자리 날아와 앉는다
숨결을 따라 피안에 닿으려는지
두 손을 모으듯
날개를 접어 고요의 빗장을 푼다
조약돌이 참고 참았던 숨을 몰아쉰다
서둘러 강물 한줄기가 풀어지며 길을 내고
흰 물새 떼의 부리들은 석양 한 점씩 물고서
길을 모실 준비를 한다
몸과 몸을 이어주는 달빛 가루
이승에서 부비던 꽃잎이 곱다
저런, 시간

잠의 덩굴

오래전에 한쪽 끝을 접어둔 책에서
밑줄 그은 문장을 찾아낼 때
듣자마자 틈새로 흘러들어간 이야기가
웅덩이를 이룰 때
잠의 덩굴을 끌고 왔지만 어쩐지
뜬눈으로 뒤척거리는 몸

많은 터널들
더 많은 소읍들
다리를 건너
별을 헤집고 빠르게 벗어나는 나의 위치는
시시각각 점을 찍으며 옮겨간다

민가를 습격한 산짐승을 생각하기도 하고
잎과 열매를 가졌던 적 있는 고목처럼 덤덤이
폐경을 받아들이는 누이와
뜻하지 않는 곳에서 절망과 마주친다

뒤숭숭한 꿈
한 세계를 다른 세계로 옮겨가는
아득한 간극이 생겨나고
거대한 반죽으로 뭉뚱그려진다

침대에서 내려와 마룻바닥에 눕는다
대화를 나누고 싶은 사람들은 이불을 끌어올려
입술을 덮고
나를 감아 올라가지 못한 잠의 덩굴은
바닥에 축 늘어져 있다

첫차가 도착할 시간이 가까워온다

하늘달방

어젯밤 분위기와는 다르다
다르게 다가와 읽고 있던 책장을 덮고 성큼성큼
달방으로 걸어 들어간다
빛점들이 떨어져나간 자리
잘린 줄기에 핏기가 돈다
조금씩 이동하면서 박꽃을 피우고
넝쿨을 뻗는다
달무리를 딛고 감아 올라간다
금속에 호흡을 불어넣는 세공사처럼,
누대에 걸친 문양을 내다 건다
내일에 먼저 가 닿는 것들에 대해서
달이 찰 때 찾아오는 통증에 관해서
나는 아직
까마득한 절벽이다
딴전을 부려보지만,
삶은 어쩔 수 없이 고개를 돌려 바라보게 하고
빈 곳에 의자 하나를 갖다놓는다

누구에게도 허락되지 않는 비밀스러운 방
물방울로 이루어진 방
흘러서 새어나오는 선율에 맞춰
다비식이 거행되고
사람에게서 베인 상처가 치유된다
박꽃 향 게워내는 꽉 찬 달방
둥근 길을 내면서 온다
거룩한 시간이다

박주가리

박주가리 씨앗주머니에서 흰색털이 뽑혀 날아간다
어죽 집 사철나무에 본적을 두고
말라붙은 빈 자궁을 떠난다

짐이라고는 발밑에 매단 둥근 씨앗이 전부

가서 사랑 따위에 얽매이지 말거라
슬픔도 옮겨놓지 말거라
사람의 마을을 지나거든
몸을 낮추고 바람에게 씨앗을 내어 주거라

볕드는 들녘에 발을 딛고
덩굴손을 펼친다
석양이 주는 붉은 경전을 받아드는
박주가리

달을 품은 몸

부푼다, 부풀어 오른다

서재에서 잠들다

비어있는 책장 한 칸을 차지하고 있는 체중계
내가 서재를 지키고 있을 때
장미허브에 몇 장의 잎이 달릴 때
두꺼운 책을 펼칠 때 혹은,
체중계 위에 서재가 통째로 올려 있다면
무게는 얼마나 될까
한데 모여 있는 책의 온도는 몇 도씨나 될까
원목 그대로의 결을 골고루 나눠주며 책등을 일으켜 세울 뿐
행간에 숨어 있는 의미들은 집 한 채 짓지 못하고
새끼를 낳아 기르지도 못한다
한 글자씩 실로 꿰어서 구슬목걸이를 만들어 볼까
보라색 목도리를 짜서 목에 둘러볼까 아니면,
손톱깎이로 글자를 똑똑 분질러 모아볼까
책 더미에서 글자들이 모조리 빠져나가고
빈 책을 넘긴다 한 장씩,
밤이 내어주는 생각들을 끼적거리며 술을 마시고

양변기에 저녁밥을 쏟아내던 질 나쁜 꿈
오래전에 피웠던 담배연기가 책장과 책장 사이
검은 문양으로 휘어져 돌아온다
문득 책 밖을 벗어난 글자들이 어디쯤인지 궁금하다
달빛에 다 해어진 글자의 모서리들
글자들이 제 자리를 찾아 앉을 날짜를 따져본다

정착에 대하여

몇 번의 이삿짐을 꾸리는 동안
새 주소를 외우고
흠집투성이 가구들은 삐걱거리며
다리를 절었다
자리 잡을 만하면
송두리째 뽑혀나간 뿌리는 연한 살갗이었다
어디를 가나 찾아내서는
붉은 눈 치켜뜬 맹수들을 들여보냈다

다리를 절면서도
손을 떨면서도
개인 날을 기다리고 또 기다리며
가파른 벼랑에라도 정착하고 싶었으나
나는 늘 거리를 떠돌았고
사랑은 냉소를 흘리며 빗금을 새겼다

이사를 가는 일은 내게

삶의 수레를 끌고 가는 자세를 가르쳤다 하지만
틈을 벌려 불쑥 내미는 얼굴
절망에 대처하는 방법에 대해 말해주지 않았다

가는 곳마다 마지막 약속을 붙들어 매어두었지만
말뚝은 견고하지 못했다

거듭 다쳐가면서 나이를 먹었다

학암포

습기를 머금고 있는 대기 중의 공기가 내 몸에 들러붙는다
바람에 섞여 부서지며 젖은 살 냄새를 풍긴다
가는 길 내내 무겁다
배롱나무 잎사귀에 얹혀두고 싶지만
때때로 삶은 묵직한 형식으로 남아있는 것도 괜찮다고
다독거려본다

산이 끝나는 곳에 더 이상 길이 아닐 때
안개 숨을 몰아쉬고 있는 학암포
눈이 깊은 사람처럼
안개에 파묻힌 파도 어디쯤
내 후생의 길이 떠올라 넘실거린다

안개가 흘린 눈썹들을 생각한다 하지만
내가 가지고 있는 은유들은
햇빛을 보지 못한 젖은 모래무덤 혹은,

모래톱으로 스며드는 죽은 물고기의 비늘들

오오, 침울한 일상이여!

안개 뒤편을 바라보는 늙은 해녀의 눈빛 속에서
가장 먼저 피어오르는 배롱나무 꽃봉오리를 본다
날개 젖은 갈매기의 울음을 듣는다

학암포는 가장 쓸쓸한 형태로 오늘을 기록한다

새의 화석을 보다

오래된 뼈를 본다
뼛속은 휘어진 기억들로 무성하다
쪽빛 깃털과 바닥을 받아주고
태초의 온도 그대로를 품고 있는 날개
잊었는가
불의 언어가 스며든 검은 숲속을
바람이 엮어낸 이야기를 하지만
일억 이천만 년이 지난 지금
몸을 빠져나간 영혼에게 돌아갈 길이 막막하다
막막했지만, 바다가 메워지고
떨어져나간 대륙은 가파른 섬으로 세워졌다
구름 속에 살고 있던 생물들은 낮달로 변하거나
씨앗이 되어 지상에 터를 잡았다
세상은 겹을 만들면서 쌓여가고 여전히
움직일 수 없는 관절들
그러나 아직 숨을 내려놓은 것은 아니다
두 눈이 어두워진 것도 아니다

머리를 들고 있는 쪽
단단한 층을 뚫고 나올 기세다
단박에 자신의 영혼을 알아볼 수 있다는 듯이

물의 기술

고단한 업을 수행하는 물의 갈퀴

남아 있는 파문 하나까지
무릎 안으로 깊숙이 끌어당긴다

깃발도 없이 중심을 향해 돌진하는 맹렬한 기세

혁명이란 저런 게 아닌가
앞뒤 재지 않고 온몸으로 밀어 올리는 것
하나의 길을 자신의 기류로 옮겨 오는 것

몸으로 터득한 다리 축소술

칼바람을 걸러 얼음벽돌을 찍어낸다
물의 기술은 전통방식 그대로 따르지만
그 보다 더 뛰어난 방법을 배운바 없다

저수지를 산채로 가둘 수 있는 힘

콩나물국을 끓이는 밤

별똥을 주우러 떠난 소녀는 그 후 소년에게 그림자를 내어주지 않았다고 끝점 찍은 동화를 읽는 밤

사랑이 물어뜯고 간 자리를 무연히 바라보는 산목숨에게 무어라 말 건넬 수 없는 밤

콩나물을 다듬는다

우리의 한숨은 풀어져서 사라지는 것이 아니라 허공 중에 한 점으로 찍힌다
점들을 피해 날아가는 새의 노란색 발목을 기억한다
잊어버리자고,
서로의 감정은 각자가 알아서 존중하자던 차가운 말

마음 밭에 우거진 잡목 숲에 불을 지르고 하얀 재를 쓸어 모은다
내 쓸쓸한 방은 안개를 가두어놓은 비닐하우스처럼

긴 터널에 맺힌 물방울처럼
울음을 삼키거나 보고 싶다는 말로 대신한다 그러나
당신과 나는 살아있어서 타인에게 슬픔을 말해줄 시간이 너무 많다

맑은 물을 길어 소금만으로 간을 맞춘 콩나물국을 끓이는 밤

당신의 손에 숟가락을 쥐어 주고 싶은 밤

해설

기형(畸形)과 이단(異端)의 아니마 문디(anima mundi)

이민호(시인 · 문학평론가)

1. 매저키즘의 전통

"나는 갈 데까지 갔다"(시 「시에게 고백하다」). 시인의 첫 일성이다. 이 첫 마디는 기시감이 든다. "나를 키운 건 팔할이 바람이다"라고 단말마처럼 신음했던 미당의 타나토스의 본능을 닮은 듯하다. 스스로를 가장 궁벽한 공간에 몰아놓고 자기 부정하는 죄의식이야 말로 우리 현대시의 전형처럼 반복되는 시적 주제가 아닌가. 박순호는 타인의 '싸늘한 눈빛과 외면' (시 「승부사」)을 삶의 동력으로 삼았다고 고백한다. 이 또한 미당의 시적 영역에서 볼 수 있는 자의식이라 할 수 있다. '죄인과 천치' 로 규정되었던 부끄러운 삶을 고단하게 풀었던 미당의 시적 역정과 궤를 같이 한다. 이는 최대의 찬사이자 모욕이다. 박순호의 시가 전통의 안정성을 구가하고 있다는 점에서 평가받을 만하지만 제대로 개성을 담지 못했다는 의혹의 제기라고 할 수 있다.

박순호의 시 쓰기는 패배주의를 기반으로 하고 있다. '이 주목받지 못한 생' (시 「박순호라는 현대사」)에 대해 느끼는 애착은 매저키즘의 일환이라 할 수 있다. 그러므로 그의 시는 기본적으로 '복종' 의 의식적 행위를 표면에 드러내고 있다. 그러나 그러한 의식 이면에는 전복적 무의식을 담지하고 있다. 비수처럼 간직한 비판의 칼날이다. 이 칼날은 죄의식과 불안으로부터 자기를 보호하려는 본능이기도 하지만 부조리한 현실에 대해 들이대는 도전이기도 하다. 우리 현대시에서 매저키즘의 전통은 소위 '아버지 죽이기' 로 드러난다. 아버지로 치환된 일체의 전통과 질서는 삭제의 대상이 되기도 하지만 역설적으로 숭앙의 대상이 되기도 한다. 그러나 우리 시는 여전히 '삭제' 와 '숭앙' 을 어떻게 수행해야 할지 몰라 개성 없는 시로 집단화된 느낌이다. 이때 박순호의 시는 어느 지점에 있는 것인가. 이는 궁극적으로 그가 현실을 어떻게 보고 이해하여 형상화했는가를 묻는 것이다.

「전통과 개인의 재능」에서 엘리어트는 '시간의 흐름 속에서 자신의 위치 즉 자기 시대의 시대성을 가장 예민하게 의식하도록 만드는 것' 이 바로 '전통' 이라고 말한다. 이때 전통에 몰입하게 만드는 인자는 '역사적 의식' 이다. 시간을 초월하여 존재하는 무의식이다. 이 초월성의 핵심이 이질적인 것의 화학적 결합이며 곧 시인의 개성이라고 말한다. 그러므로 박순호의 시에서 그의 삶과 가장 비타협적이고 불연속적인 요소를 찾을 수 있다면, 그것이 바로 전통을 의식하면서 현실을 읽으려 했던 그의 시적 개성이라 할 수 있다. 이 개성이 최대의 찬사와 모욕에서 그를 벗어나게 하는 길이라 할 수 있다.

2. 쓸쓸한 형태

매저키즘의 주체가 속죄하고자 하는 것은 자신과 아버지의 유사성이라고 질 들뢰즈는 말한다. 즉 자신의 내부에 숨어있는 아버지와 닮은 모습이다. 그것은 영원히 폐기되어야 할 상징적 질서이다. 이 혐오스런 상징을 박순호는 시간과 기억 속에서 건져 올려 보여준다. 시간은 과거와 현재, 미래로 이어지는 연속성을 기제로 한다. 그러나 이 물리적 시간 개념은 시 속에서 공간화하지 않으면 형상화 할 수 없다. 그러므로 언제나 시간은 물질적 형상을 하고 있다. 이는 시간의 연속성을 폐기하고 동시성을 보여준다. 시간의 동시성은 바로 시간의 현재성을 말한다. 시간은 흐르는 것이 아니라 언제나 지금 인식되므로 과거와 미래를 함께 공유한다. 이와 같은 이유로 과거의 기억 또한 쉽게 되살려 현재의 공간에 가져다 놓을 수 있다. 박순호의 시에서 시간은 다음과 같이 물질화되어 있다.

> 손가락으로 찔러보면 깊이 들어갔다가 다시
> 처음 상태를 유지하는 물컹물컹한 시간
>
> —「어설픈 감정」 부분

> 담고 또 담아내다가
> 모가지까지 차올라서야 파열음을 뱉어낸다
> 사선으로 금이 간 유리
> 틈을 벌리며
> 시간이 빚어낸 얼굴을 내민다
>
> —「시간이 빚어낸 얼굴들」 부분

> 오래된 뼈를 본다
> 뼛속은 휘어진 기억들로 무성하다
>
> —「새의 화석을 보다」 부분

시 「어설픈 감정」에서 시인은 '사랑' 을 '내밀한 구조로 기둥과 만나서 꿈꾸는 일' 이라고 정의한다. 그런데 시간은 그처럼 긴밀한 형식이 아니다. 애초에 만들어진 구조에서 벗어나지 못하고 다시 회귀하고 마는 비주체적 종속성을 특징으로 하고 있다. '물컹물컹한 시간' 의 질감은 시인이 추구하는 사랑의 구조와는 대비적이다. 그래서 시간은 꾸역꾸역 욕망을 채우다 파열하고 마는 우리의 얼굴들을 보여주고 있다. 이 왜곡된 시간은 '휘어진 기억' 으로 구체화된다. 이 왜곡된 기억은 집단 무의식을 통해 전용된 것으로 개인의 차원에서 집단의 차원으로 넘어가는 사이 파시즘적 현실 상황을 드러낸다. 그럼으로써 시인이 인식하는 현재는 비주체적 삶으로 채워져 있고, 파열되고 왜곡돼 있다. 그리고 기형적이다. 이 시간의 기형성은 반복되는 삶의 자질이며, 시인이 부정하려는 페르소나, 즉 외적 인격이라 할 수 있다.

이러한 기형적 현실 속에서 시인은 뜬금없이 날아드는 '일방적인 통보' (시 「밤이 몰려오는 냄새」)를 무기력하게 수용해야 하며, '노련한 사냥꾼' (시 「달의 목덜미가 하얗다」)으로 살 것을 강요당한다. 그것은 '어떤 경로를 통해 들어왔는지 모를,/ 격렬하게 충돌했던 세포 그리고/ 나를 가두었던 거품' (시 「욕실에서 자아를 기웃거리다」)과 같이 시인의 존재를 내적 인격으로부터 차단하고 망각하게 하는 집단무의식이라 할 수 있다. 박순호는 이 기형적 인격을 '쓸쓸한 형태' (시 「학암포」)로 명명한다. '쓸쓸함' 의 정체는 기형적 삶에서 비롯된 페이소스라 할 수 있다. 이는 박순호의 시에 내재하는 매저키즘의 미학을 이해하는 실마리라 할 수 있다.

> 멈춰있는 자아와 유랑하는 자아
> 술에 취한 자아와 육체를 탐하는 자아
> 비정한 자아와 살육하는 자아
> 치열한 자아와 느슨한 자아
> 경멸하는 자아와 미친 듯 웃는 자아
>
> 거울에 비친다
> 카메라처럼 한 일생을 촬영한다
> 학대하는 자아
> 절망하는 자아
> 한순간이란 자아
> 외롭다고 말하는 자아와 비상식적인 자아

—「욕실에서 자아를 기웃거리다」 부분

이 수많은 자아는 시적 주체를 엄습했던 기형적 삶의 알레고리라 할 수 있다. 시적 자아는 떠도는 삶 앞에 경직되었고, 욕망 앞에 고립을 선택했고, 살육을 목도하고도 회피하는 비정함을 보였으며, 자기부정의 치열함 속에 경멸과 방기를 반복하였음을 고백한다. 그것은 결국 학대와 절망의 순간을 겪었던 우리 삶의 소외와 비상식을, 그 삶의 기형성을 거울처럼 반영하여 보여주는 것이라 하겠다.

이 삶의 기형적 면모는 다양하다. '더듬이가 떼어진 개미' (시 「더듬이」), '갈고리에 걸린 비곗덩어리' (시 「우아한 커피 타임」), '죽은 새의 뼈다귀' (시 「박순호라는 현대사」), '우글우글 번식하는 독을 품은 포자들' (시 「욕실에서 자아를 기웃거리다」), '흙 묻은 가방/ 하지 못한 말들이 새어나오는 가방/ 삶의 가시가 삐져나오는 가방' (시 「무거운 가방」), '엎어놓은 그릇' (시 「바람 박물관」), '부화하지 못한 썩은 알' (시 「쌍방과실」), '썩지 못하는 동그란 살점들' (시 「통신맨홀」) 등으로 시인의 삶의 곳곳에서 함께 기거하고 있다. 시간을 초월하여 동시에 존재하는 이 알레고리들은 발터 벤야민의 「1900년경 베를린의 유년시절」의 마지막 단편 「꼽추 난쟁이」의 기형적 형상과 유사하다.

'꼽추 난쟁이' 는 벤야민의 글 속에서 반복해서 등장하는 이미지로서 무언가 중요한 의미를 망각하고 살고 있음을 환기시킨다. 벤야민은 「프란츠 카프카」에서 카프카의 「변신」을 언급하는 중에 "이 꼽추는 일그러진 삶 속에서 기거한다. 그는 메시아가 오면 사라질 것이다. 어느 위대한 랍비가 말했던 것처럼, 폭력으로써 세계를 변경시키려고 하지 않고 다만 세계를 조금 바로잡게 될 그런 메시아가 오면 꼽추는 사라질 것이다"라고 말한다. 이는 기형적 삶의 이중성을 말한다. 즉 꼽추가 왜곡된 현대사회의 소외를 상징적으로 보여주는 동시에 꼽추가 사라짐으로써 소외 또한 해소될 것이라는 전망을 보여주는 것이다. 박순호의 시에 이 기형적 알레고리의 양면성을 대입해 보면 그의 시에 나타난 기형적 이미지의 다발은 일그러진 삶의 전형을 반증하는 것이기도 하지만 왜곡된 삶을 극복할 수 있는 힘의 원천이 되기도 한다.

정원을 가로질러 연못을 건널 때마다
구름의 발이 걸려 넘어진다
물속으로 고꾸라진다
물젖은 구름이 잠시 기억을 놓치고 가라앉는 동안
기형畸形에서 오는 아름다움은 끝 모를
이야기와 사건을 재구성한다

— 「구름을 필사하다」 부분

'구름의 발' 이 반복적으로 전도되는 한 박순호의 시에서 기형적 삶의 양상은 사라지지 않을 것이다. 이는 역사와 시간을 횡단할 때마다 걸려넘어져 고꾸라지는 주체들의 신산한 삶을 환기시킨다. 그러나 영원히 반복될 것 같은 이 질곡도 왜곡된 기억을 망각 속으로 밀어 넣고 역사의 재편을 꿈꾸는 순간 종말을 고하고 새롭게 재생되리라 예언하고 있다. 그러므로 박순호의 매저키즘적 시 쓰기는 자기부정인 동시에 재생의 시나리오라 하겠다.

3. 뜨거운 아니마

박순호 시의 주체는 외적 인격, 즉 페르소나를 표상할 때는 기형적 면모를 드러내었다. 그런데 그 기형성은 삭제의 대상이기도 하지만 숭앙의 대상이기도 하다. 자기 부정의 타나토스와 자기 회복의 에로스를 동시에 지니고 있기 때문이다. 현실을 대변하기도 하지만 현실 극복의 단초로 변주시키는 알레고리와 아이러니를 동시에 지니고 있는 것이다. 이러한 전복의 상상력은 내적 인격, 즉 아니마의 뜨거운 에너지에서 비롯된다.

나도 어쩌지 못하는 야릇한 기운이 몸을 지배하는 날이
있다

관절에 숨겨놓은 달빛
감정을 쥐락펴락하는 손아귀
광기에 사로잡힌 핏발선 눈동자
고통 같기도 한
통증 같기도 한

어디에서 어디까지
어느 마디에서 어느 마디까지
딱히 짚어낼 수 없는 통증

모른 척하기에는 어딘가 찜찜하다
그것은 내 의식과 무관한 보폭을 유지하지만
한 마디도 물을 수 없다
대부분 가장 어둡고 습하고 공허 속에 놓여있을 때
내 어깨를 두드릴 확률이 높다

누구의 가슴을 통해서 내게로 왔는지
어떤 통로를 경유해서 날아들었는지
알 길이 없다
가슴을 파내고 심어놓은
첫 줄처럼

—「어디에서 오는가」 전문

융에 따르면 외적 인격으로서 페르소나는 현실 타협의 산물이고 아니마는 자기부정을 극복하고 무의식 속에 자리하고 있는 진정한 자기로서 개성을 뜻한다. 위 시에서 보듯 아니마는 '나도 어쩌지 못하는 야릇한 기운' 과 같이 정형화된 것이 아니며 억제할 수 없이 터져 나오는 에너지와 같다. 이 에너지는 늘 아니마를 지배하고 있던 페르소나(몸)의 주인이 되려 한다. 그것은 '내 의식과 무관한 보폭을 유지' 하는 자유롭고 자연발생적인 형식이다. 그리고 '가장 어둡고 습하고 공허' 한 특질을 내용으로 하고 있다. 어둠과 습기와 공허의 이미지는 기형적 삶과 연계되어 있다. 이는 '밝음과 온기와 충만' 의 현실적 지향과는 상반된 자질로서 아니마의 특성이 이질적이며 이단적임을 보여주고 있다. 이 비움의 욕망은 '광기와 고통과 통증' 을 수반한다. 이 뜨거운 아니마의 범람은 산고의 고통처럼 여성적 그늘로 채색되어 있다.

박순호의 시에서 이러한 아니마의 이단적 특질은 여러 양상으로 변주된다. 첫째는 불의 언어로 표출된다. 시「새의 화석을 보다」에서 보듯 시적 주체의 아니마는 '단단한 층을 뚫고 나올 기세다' . 견고한 현실의 두께를 체감할 수 있는 기표이기도 하지만 대지를 뚫고 분출하려는 불의 역동성을 엿볼 수 있는 이미지이기도 하다. 이 불의 이단성은 바슐라르의 '프로메테우스 콤플렉스' 와 연결된다. 신의 명령을 거슬렀던 인간적 욕망의 승리라 할 수 있다. 그러므로 박순호의 이단적 아니마는 억압으로 충족되지 못한 정신적 금기라기보다는 그의 내면 깊숙이 자리하고 있는 역동적인 욕망을 뜻한다.

둘째는 도립과 전도의 상상력이다. 시 「절벽의 위장술」에서 시인은 절벽의 차단된 상상력에 길의 이미지를 통해 생명력을 불어 넣는다. 이는 길의 수평성이 절벽의 수직성으로 도립되는 이단적 환타지라 할 수 있다. 이러한 전면적 전도의 동력은 '무릎이 없어서 걷지 못한다' 는 매저키즘의 기형적 불구의식에서 비롯된다. 이 절벽과 같은 현실의 고립을 길이 되게 만드는 경이로운 전환이라 할 수 있다. 이는 또한 시 「박순호라는 현대사」에서 보듯 '중앙선을 넘어 추월하는' 행위로 '위험을 감수하고/경계를 뛰어 넘는 것' 이기도 하다. 박순호의 이러한 시적 상상력은 '주목받지 못한 자들' 의 시간을 역전시키려는 환타지라 할 수 있다.

셋째는 온몸의 시학 속에서 드러난다. 시 「물의 기술」에서 보듯 '혁명' 으로 총체화된 아니마의 이단성은 '앞뒤 재지 않고 온몸으로 밀어 올리는 것' 이며, '하나의 길을 자신의 기류로 옮겨 오는 것' 이라 말한다. 그러므로 박순호의 시적 아니마는 전체성의 자기화라는 통합적 인식을 기반으로 하고 있다. 무엇보다도 '전통방식' 을 그대로 수용함으로써 역사의식을 중요한 시적 기제로 삼고 있음을 알 수 있다. 이는 '온몸에 생채기를 내며 밀고 가'(시 「더듬이」)는 자기 희생이라는 매저키즘의 전통을 전제로 하고 있다. 그리고 이 온몸의 형식은 시 「전복」에서처럼 '입이면서 항문이기도' 한 변신 형태와 '몸 전체가 발바닥인' 보헤미안의 양태를 띤다. 이러한 아니마는 시 「찾았다 서점」에서 '무거운 책'과 '닿을 수 없는 시'에 투사된다. 이처럼 박순호의 시는 현대의 폭력적 가벼움에 눈길을 주지 않고 고전의 고양된 지경에 시의 무게를 두고자 한다.

'불의 언어', '도립과 전도의 상상력', '온몸의 시학'으로 모아진 박순호의 이단의 아니마는 미당의 그늘을 벗는 시적 특징이라 할 수 있다. 이 시적 기제들은 김수영의 시학과 맥을 같이한다. 김수영은 시 「어느날 고궁을 나오면서」에서 자신의 매저키즘의 실체가 무엇인지 규명해 낸다. 그것을 '옹졸한 전통'이라 명명한다. 김수영이 자학하는 이 전통의 기형성은 현실과 역사에서 비켜나 있는 데서 찾는다. 그래서 작고 보잘 것 없는 페르소나의 기형적 집단성을 허물고 뜨거운 아니마로 다시 설 것을 다짐한다. 박순호 또한 그러한 이단의 체험 중이다.

4. 구원의 연금술

고대 서양의 연금술사들은 물질 속에 갇혀 있는 영적 요소인 실체를 추출하여 다시 물질 속에 집어넣음으로써 물질을 구원하려고 했다고 한다. 시 쓰기도 이와 유사하여 우리의 내면 속에 들어있는 어떤 실체를 추출하여 다시 우리 내면에 집어 넣음으로써 우리를 구원하려는 것이라 할 수 있다. 우리의 내면 속에 불꽃처럼 존재하는 이 신적 요소를 철학자들은 '아니마 문디(anima mundi)' 즉 '세계영혼' 혹은 '세계혼' 이라 불렀다. 아니마와 아니마 문디의 관계는 인간을 비롯한 모든 사물과 신과의 관계를 뜻하는 것으로 보인다. 그러므로 시인은 신의 위치에서 아니 신탁을 받아 사물 속에 내재한 신적 요소를 깨우는 자라 할 수 있다. 그의 소명은 연금술과 같다. 이는 단지 금을 만들려는 세속적 행위라기보다는 모든 사물의 구원을 꿈꾸는 일이라 할 수 있다.

오래된 뼈를 본다
뼛속은 휘어진 기억들로 무성하다
쪽빛 깃털과 바닥을 받아주고
태초의 온도 그대로를 품고 있는 날개
잊었는가
불의 언어가 스며든 검은 숲속을
바람이 엮어낸 이야기를 하지만

일억 이천만 년이 지난 지금
몸을 빠져나간 영혼에게 돌아갈 길이 막막하다

―「새의 화석을 보다」 부분

시인의 시선은 화석화된 생명을 향해 있다. 이 기형적 형해는 뜨겁게 달군 아니마를 통과해도 금빛 영혼을 다시 깃들게 할 수 없다. 왜곡된 기억들이 역사를 이루고 몸을 떠난 영혼 앞에 시인은 초라하다. 이 한계상황을 박순호는 어떻게 극복하려 했는가. '달의 연금술' 이다. 삶과 죽음을 반복하며 영원성을 획득하는 달의 은유다. 박순호는 이 재생 모티프를 곳곳에 심어 놓았다. 시 「늙은 실잠자리」에는 '몸과 몸을 이어주는 달빛 가루' 속에, 시 「제비꽃 파낸 자리」에는 머리에 돋아나는 '하얀 싹' 속에, 시 「숨쉬는 타일들」에는 '둥근 꿈' 속에, 시 「이불의 세례명」에는 '하얀 돛' 속에, 시 「서재에서 잠들다」에는 '달빛에 다 해어진 글자의 모서리들' 속에 숨쉬고 있다. 이는 모두 달처럼 순환적 생성을 반복하는 달 동물(lunar animal)이다. 이는 모성적 상징으로 기형적 삶의 애환을 치유하고 현실의 부조리를 적극적으로 수정하려는 시적 상상력에 바탕을 두고 있다. 이처럼 박순호의 시는 '영혼이 빠져나간 몸' 에 다시 세계혼을 불어넣는 시 쓰기의 연금술이라 할 수 있다.

애 지 시 선